Teach Me...

Mandarin Chinese

and

More Chinese

by Judy Mahoney

Teach Me Chinese and More Chinese
Two books in one, twice the fun!
40 songs to sing and learn Chinese

The classic coloring books *Teach Me Chinese* and *Teach Me More Chinese* are now combined into a new bind up edition. This new edition includes the original coloring pages from both titles with a 60 minute audio CD. *Teach Me Chinese and More Chinese* also features six new pages of expanded vocabulary and activities.

Our mission at Teach Me Tapes is to enrich children through language learning. The ***Teach Me...*** series of books offers an engaging approach to language acquisition by using familiar children's songs and providing an audio to sing and learn. Studies show that a child's early exposure to new languages and cultures enhances learning skills and promotes a better appreciation of our multicultural world.

The Chinese language is unique in that it is a writing system which uses symbols to represent spoken sounds. These symbols are called characters. The Chinese language has been spoken since around 2,000 B.C. and is a tonal language, so each accent marks a different sound. In China, children learn to write Chinese characters, but they also learn pinyin, which uses roman letters to represent Chinese sounds. We introduce Mandarin Chinese in the simplified character system; however, the emphasis is on basic conversational language where children can listen, speak, read and write.

Today's "global children" hold tomorrow's world in their hands!

Teach Me Chinese & More Chinese

Bind Up Edition
Book with CD
ISBN: ISBN: 978-1-59972-609-0
Library of Congress Control Number: 2009901065

Copyright © 2009 Teach Me Tapes, Inc.
6016 Blue Circle Drive
Minnetonka, MN 55343-9104
www.teachmetapes.com
1-800-456-4656

Translations are not literal.
Printed in the United States of America
10 9 8 7 6 5 4 3 2

♫ Teach me...
CHINESE

A Musical
Journey
Through
the Day

by
Judy Mahoney

Translated by Amy Xiaomin Wang

Teach Me...™

LEARNING LANGUAGE THROUGH SONGS AND STORIES

♪ 当我们同在一起
Dāng wǒmen tóng zài yī qǐ
Dà jiā duō huān xǐ。
nǐ de péngyǒu zài zhè Lǐ
Wǒ de péng Yǒu zài zhè Lǐ……

一 yī

nǐ hǎo! wǒ jiào mài ruǐ.
你好！我叫迈蕊。
nǐ jiào shén me míng zì?
你叫什么名字？
zhè shì wǒ de jiā
这是我的家。

bàba
爸爸

māma
妈妈

wǒ
我

gēge
哥哥

二 èr

wǒ jiā de xiǎo māo
我家的小猫

tā de míng zi jiào máo mao
它的名字叫毛毛。
tā de máo shi huī sè de hěn róu hé
它的毛是灰色的,很柔和。

wǒ jiā de xiǎo gǒu
我家的小狗

tā de míng zi jiào xiǎo bō
它的名字叫小波
tā de máo shi hēi sè hé bái sè
它的毛是黑色和白色。

zhè shì wǒ de jiā
这是我的家。
wǒ jiā de fáng zi shì lán sè
我家的房子是蓝色。
fáng zi de wū dǐng
房子的屋顶
shì hè sè
是褐色。
wǒ jiā de yuàn zi lǐ zhòng mǎn le huáng sè de xiān huā
我家的园子里种满了黄色的鲜花。

三 Sān

wǒ de fáng jiān de yán sè shì hóng sè
我 的 房 间 的 颜 色 是 红 色。
kuài qī diǎn le   kuài qǐ chuáng
快 七 点 了！ 快 起 床！
kuài qǐ chuáng
快 起 床！

♪ 晨 钟
yuē hàn gē ge
Hái zài shuì jiào
Zǎo chéng zhōng shēng
yǐ qiāo xiǎng dīng
dāng dōng……

♪ 懒惰的迈蕊
Lǎn duò de mài Ruǐ
nǐ kuài qǐ chuáng
nǐ jīntiān kuài qǐ
chuáng……

四 sì

gāi chuān yī fú le
该穿衣服了！
wǒ chuān shàng wǒ de chèn shān
我穿上我的衬衫，
wǒ de kù zi
我的裤子
wǒ de xié zi
我的鞋子
dài shàng wǒ de mào zi
戴上我的帽子。

zǎo fàn wǒ xǐ huān
早饭我喜欢
chī mài piàn guǒ jiàng miàn bāo
吃麦片、果酱面包，
hē jú zi shuǐ
喝桔子水。

五 wǔ

♪头，肩膀，膝盖，脚趾头

Tóu, jiānbǎng xīgài jiǎozhǐtóu
Tóu jiāngbǎng xīgài jiǎo zhǐ tóu
yǎnjing ěrduo zuǐba bízi
yǎnjing ěrduo zuǐba bízi pāipāi shǒu.

六 Liù

七 Qī

dī dā dī dā xià yǔ le
滴答 滴答 下雨 了

dī dā dī dā xià yǔ le
滴答 滴答 下雨 了

dà tóu wáwa tiào wǔ le
大头 娃娃 跳舞 了。

♪ 雨

yǔ ér qǐng tíng xià
Gé tiān ér zài Lái
yǔ ér qǐng tíng xià
xiǎo yuē Hàn xiǎng
chū wài wán……

Xià yǔ le, xià dà yǔ
Jiù xiàng Lǎo yé ye dǎ
hū Lu。Tā zhuàng pèng
Le tóu ya qù shuì jiào,
yī jiào shuì dào dì er
tiān……

zhè shì wǒ de xué xiào
这是我的学校。
xiàn zài wǒ shuō yī biàn shù zì hé
现在我说一遍数字和
pīn yīn nǐ men gēn zhe wǒ niàn yī biàn
拼音,你们跟着我念一遍

一 二 三 四 五
六 七 八 九 十

A	O	E	I	U
Ü	B	P	M	F
D	T	N	L	G
K	H	J	Q	X
zh	ch	sh	Z	C
S	W	Y	R	

九 Jiǔ

♪ 音符歌

B P M F D T N L
G K H J Q X
zhi Chi Shi Ri Zi Ci Si
A O E(E) Ai Ei Ao Ou
An En Ang Eng Yi Wu Yu
Hái Yǒu Yī Ge Yīn
Fú "ER"

♪ 一只大象

yī zhī dà xiàng chū wài
wán, wán shuǎ zhe yī zhī
zhī zhū wǎng, jù dà wú
bǐ de kuài lè, cù shǐ tā
yāo qǐng lìng yī zhī
dà xiàng.
　Liǎng zhī ……
　sān zhī ……
quán tǐ dàxiàng chū wài
wán, wán shuǎ zhe yī zhī
zhū wǎng, jù dà wú bǐ de
kuài le, cù shǐ tāmen yāo
qǐng lìng yī zhī dà xiàng.

♪ 幸福歌

Dāng nǐ xìng fú de
shí hòu, qǐng nǐ pāi
pāi shǒu。
Dāng nǐ gǎn dào
xìng fú de shí hòu,
Qǐng nǐ pāi pāi shǒu
Pāi pāi shǒu。

♪ 小木偶

xiǎo mù'ǒu huì biǎo yǎn
zhuàn quān, shuāi jiāo,
zhàn lì zǒu. tā men dújiǎo
tiào, shuāng jiǎo tiào, měng
tiào.
Shén me shí hòu hái néng
zài lái guān kàn jīng cǎi
yǒu qù de xiǎo mù'ǒu
de biǎo yǎn.

十 shí

fàng xué yǐ hòu
放 学 以 后
wǒ men zuò xiǎo
我 们 坐 小
qì chē huí jiā
汽 车 回 家。

♪ 小 汽车 的 轮子

xiǎo qìchē de lúnzi zài zhuàn dòng
xiǎo qìchē de lúnzi zài zhuàn dòng
Wéi zhe chéng Lǐ zhuàn.

xiǎo qìchē de lǎ bā dī dā dā
xiǎo qìchē de lǎ bā dī dā dā
Wéi zhe chéng Lǐ zhuàn.

xiǎo qìchē de chuāng shuā shuā shuā shuā
xiǎo qìchē de chuāng shuā shuā shuā shuā
Wéi zhe chéng Lǐ zhuàn.

gāi chī wǔfàn le. wǔ Fàn yǐhòu
该吃午饭了。 午饭以后
shuì yī gè wǔ jiào.
睡一个午觉。

♪ 睡吧，宝贝！
Shuì ba qīn'ài de xiǎo bǎobèi,
Bàba jiāng gěi nǐ mǎi yī zhī
Bǎilíng niǎo. Rúguǒ nài zhī
Bǎilíng niǎo bú huì chàng,
Bàba jiāng gěi nǐ mǎi yī zhī
Zhuàn shíjiè zi. Rúguǒ nài
zhī Zhuàn shíjiè zi biàn
jiù le, Bàba jiāng gěi nǐ mǎi
miàn jìng zi zhào kàn. Rúguǒ
nài miàn jìng zi shuāi huàile,
nǐ shì Bàba zuì tián mì de
xiǎo bǎo bèi.

十二 shíèr

♪ 在桥头上
zài ài wéi niǎo de
Qiáo tóu shàng, tāmen
Tiǎo wǔ...... Tāmen
Tiǎo wǔ zhuàn ya zhuàn

♪ 季节歌
Wǒ bǎ shù yè bà
chéng yī gè duī, tuì
hòu yī bù wān zhe
xī gài, rán hòu tiào yuè.

shuì wán wǔ jiào wǒ qù gōng yuán wán
睡完午觉我去公园玩。
wǒ xǐ huān wèi xiǎo yā zi
我喜欢喂小鸭子。
zài qiáo shàng wǒ hé wǒ de péng
在桥上我和我的朋
yǒu men chàng gē tiào wǔ
友们唱歌跳舞。

♪ 六只小鸭子
liù zhī xiǎo yā zi guā guā jiào, yī zhī pàng yī zhī shòu gè
yǒu fēngdù. yǒu yī zhī dài yǒu yǔ máo de xiǎo yā zi, dài
lǐng zhe qí ta xiǎo yā zi guā guā jiào. xiǎo yā zi yóu dào
hé zhōng xīn, yáo bǎi yáo bǎi pái chéng yī duì, yǒu yī zhī dài
yǒu yǔ máo de xiǎo yā zi, dài lǐng zhe qí tā xiǎo yā zi guā
guā jiào.

wǒ è le gāi chī wǎn fàn le
我饿了！该吃晚饭了。

♪ 晚饭好吃
Wǎn Fàn Hǎo chī
xiè xiè chú shī
xiè xiè měi yí gè rén!

♪ 闪闪亮亮
shǎn shǎn Liàng Liàng
xiǎo xīng xīng
nǐ jiūjìng shì shén me ?
Gāo gāo guà zài tiān kōng
shàng. jiǔ xiàng zhuàn shí
Zài shǎn Liàng......
Zài shǎn Liàng.

♪ 摇篮曲
shuì ba , bǎo bèi, bàn suí
Méi guì de wēn qíng. Māma
de huái bào shì nǐ de yáo
Lán, yáo a yáo a yáo a yáo
Shì shàng yī qiè xìng Fú
Wēn nuǎn tián mì dōu shú yú
nǐ......

十五 shíwǔ

TRANSLATIONS

PAGE 1
The More We Get Together
The more we get together, together, together,
The more we get together, the happier we'll be.
For your friends are my friends
And my friends are your friends
The more we get together, the happier we'll be.

PAGE 2
Hello, my name is Marie. What is your name?
Here is my family. My mother, my father,
Me and my brother.

PAGE 3
My cat. Her name is Māo mao. She is soft and
grey. My dog. His name is Xiǎo bō. He is black
and white. This is my house. It is blue with a
brown roof and a garden full of yellow flowers.

PAGE 4
My room is red. It is seven o'clock.
Get up! Get up!

Are You Sleeping
Are you sleeping, are you sleeping?
Brother John, Brother John?
Morning bells are ringing
Morning bells are ringing
Ding, dang, dong! Ding, dang, dong!

Lazy Marie
Lazy Marie, will you get up, will you get up,
will you get up?
Lazy Marie, will you get up, will you get up
today?
…get dressed
…brush your teeth
…wash your face
…make your bed

PAGE 5
I get dressed. I put on my shirt, my pants, my
shoes and my hat. For breakfast I like to eat
cereal, toast with jam, and drink orange juice.

PAGE 6
Head, Shoulders, Knees and Toes
Head and shoulders, knees and toes, knees and
toes.
Head and shoulders, knees and toes, knees and
toes.
Eyes and ears and mouth and nose, clap your
hands.
Eyes and ears and mouth and nose, clap your
hands.

PAGE 7
Today is Monday. Do you know the days of the
week? Monday, Tuesday, Wednesday, Thursday,
Friday, Saturday, Sunday.

PAGE 8
It's raining! And the sound of the rain is like a
happy baby jumping and dancing!

Rain, Rain, Go Away
Rain, rain, go away,
Come again another day.
Rain, rain, go away,
Little Johnny wants to play.

It's Raining, It's Pouring
It's raining, it's pouring,
The old man is snoring,
He bumped his head and went to bed
And couldn't get up in the morning.

Rainbows
Sometimes blue and sometimes green
Prettiest colors I've ever seen
Pink and purple, yellow-whee!
I love to ride those rainbows.
© Teach Me Tapes, Inc. 1985

PAGE 9
Here is my school. Today I will repeat the
numbers and alphabet. Will you say them with
me? One, two, three, four, five, six, seven, eight,
nine, ten.

PAGE 10
Yīn Fú Ge (Alphabet)
B, P, M, F, D, T, N, L,
G, K, H, J, Q, X,
ZHI, CHI, SHI, RI, ZI, CI, SI,
A, O, E, (E), AI, AO, OU,
AN, EN, ANG, ENG, YI, WU, YU,
HÁI, YǑU, YĪ, GE, YĪN, FÚ, "ER."

One Elephant
One elephant went out to play
Upon a spider's web one day.
He had such enormous fun,
That he called for another elephant to come.

Two...
Three...
Four...
All...

TRANSLATIONS

If You're Happy and You Know It

If you're happy and you know it,
Clap your hands. (clap, clap)
If you're happy and you know it,
Clap your hands. (clap, clap)
If you're happy and you know it,
Then your face will surely show it;
If you're happy and you know it,
Clap your hands. (clap, clap)

2. If you're angry and you know it,
   Stomp your feet. (stomp, stomp)…

3. If you're silly and you know it,
   Laugh out loud. (giggle)…

4. If you're hungry and you know it,
   Rub your tummy. (Mmm, Mmm)…

5. If you're sleepy and you know it,
   Take a nap. (sigh)…
© Teach Me Tapes, Inc. 1993

The Puppets

Watch them hop, skip, jump,
Oh, the puppets they can go.
Watch them turn, fall, stand,
You must not miss the show.

Can we still come back,
To watch the puppets go.
Can we still come back,
Even when we are all grown.
© Teach Me Tapes, Inc. 1993

PAGE 11

After school, we ride home in the car.

The Wheels on the Car

The wheels on the car go round and round,
Round and round, round and round,
The wheels on the car go round and round,
All around the town.

2. The horn on the car goes beep beep beep…
3. The wipers on the car go swish swish swish…
4. The lights on the car go blink blink blink…
5. The children in the car say, "We are
   hungry,"…
6. The driver of the car says, "Buckle up,"…
7. The children in the car say, "Let's have
   lunch,"…

…All around the town.

PAGE 12

It is time for lunch. After lunch, I take a quiet time.

Hush Little Baby

Hush little baby don't say a word,
Papa's gonna* to buy you a mockingbird;
If that mockingbird don't sing,
Papa's gonna buy you a diamond ring.
If that diamond ring turns brass,
Papa's gonna buy you a looking glass;
If that looking glass falls down,
You'll still be the sweetest little baby in town.
* "gonna" is slang for "going to"

PAGE 13

After my quiet time, I go to the park to play. I like to feed the ducks. I sing and dance on the bridge with my friends.

On the Bridge

On the bridge of Avignon,
They're all dancing, they're all dancing.
On the bridge of Avignon,
They're all dancing round and round.

The Seasons Song

I like to rake the leaves
Into a big hump
Then I step back
Bend my knees, and jump!

I like to make a snowball
And roll it on the ground
It grows into a snowman
So big and fat and round.

I am a little flower
My leaves are newly green
When you see my first bud
You know it's spring; it's spring.

It is now summer
The sun is shining bright
Our days are all our own
To stand and fly a kite.
© Teach Me Tapes, Inc. 1993

Six Little Ducks
Six little ducks that I once knew,
Fat ones, skinny ones, fair ones too.
But the one little duck
With the feather on his back,
He led the others with his
Quack, quack, quack,
Quack, quack, quack,
Quack, quack, quack,
He led the others with his
Quack, quack, quack.

Down to the river they would go,
Wibble, wibble, wibble, wobble, all in a row.
But the one little duck
With the feather on his back,
He lead the others with his quack, quack, quack.

Our Mother Earth
Our Mother Earth
It's our home
It's the only one we have.

Our Mother Earth
It's our home
We need to keep it clean.

The paper
The plastic
The glass should be recycled
It's you
It's me
Together we can save our Earth.
© Teach Me Tapes, Inc. 1993

PAGE 14
I'm hungry! It must be time for dinner.

Dinner is Delicious
Dinner is delicious
I thank the cook
And everyone.

PAGE 15
*It's night time. Do you see the stars? Good
night, Mom. Good night, Dad. Good night, my
friends!*

Twinkle, Twinkle
Twinkle, twinkle, little star,
How I wonder what you are.
Up above the world so high,
Like a diamond in the sky,
Twinkle, twinkle, little star,
How I wonder what you are!

Lullaby
Lullaby and good night,
With roses delight.
Creep into your bed,
There pillow your head.
If God will, you shall wake,
When the morning does break.
If God will, you shall wake,
When the morning does break.

Lullaby and good night,
Those blue eyes closed tight.
Bright angels are near,
So sleep without fear.
They will guard you from harm,
With their fair dreamland's sweet charm.
They will guard you from harm,
With their fair dreamland's sweet charm.

Lullaby (Literal Translation)
Lullaby and good night,
With roses delight.
Mom's arm is your cradle,
Let me rock you.
All the happiness, warmth, sweetness
Of the world belong to you.

Lullaby and good night,
With roses delight.
Mom's arm is your cradle,
You have nothing to worry about.
All the happiness, warmth, sweetness
Of the world belong to you!

Good Night, My Friends
Good night, my friends, good night
Good night, my friends, good night
Good night, my friends,
Good night, my friends,
Good night, my friends, good night

Good night!

Lazy Marie (page 4)

Lǎn duò de Mài Ruǐ
Nǐ kuài chuān yī......
Nǐ jīntiān kuài chuān yī!

Lǎn duò de Mài Ruǐ
Nǐ kuài shuā yá......
Nǐ jīntiān kuài shuā yá!

Lǎn duò de Mài Ruǐ
Nǐ kuài xǐ liǎn......
Nǐ jīntiān kuài xǐ liǎn!

Lǎn duò de Mài Ruǐ
Qǐng zhěng lǐ chuáng......
Qǐng zhěng lǐ chuáng!

Rainbows (page 8)

Shí ér lán shí ér lǜ,
Měilì de cǎi sè zhēn shén mì,
Fěn sè, zǐ sè huáng sè,
Wǒ yuàn jià zhe zhè cǎi hóng.

If You're Happy & You Know It (page 10)

Dāng nǐ shēng qì de shí hòu,
Qǐng nǐ duò duò jiǎo duò duò jiǎo,
Dāng nǐ gǎndào shēng qì de shí hòu,
Qǐng nǐ duò duò jiǎo duò duò jiǎo.

Dāng nǐ táoqì de shí hòu,
Qǐng nǐ fàng shēng de fàng shēng de dà xiào.
Dāng nǐ gǎndào táo qì de shí hòu,
Qǐng nǐ fàng shēng de fàng shēng de dà xiào.

Dāng nǐ dùzi è de shí hòu,
Qǐng nǐ mō zhe dùzi jiào dùzi è,
Dāng nǐ gǎndào dùzi è de shíhòu,
Qǐng nǐ mō zhe dùzi jiào dùzi è.

Dāng nǐ gǎndào píjuàn de shíhòu,
Qǐng nǐ shuì yī gè wǔjiào shuì yī gè wǔjiào.
Dāng nǐ gǎndào píjuàn de shíhòu,
Qǐng nǐ shuì yī gè wǔjiào.

The Wheels on the Car (page 11)

Xiǎo qì chē de dēng guāng liàng shǎn shǎn,
Xiǎo qì chē de dēng guāng liàng shǎn shǎn,
Wéi zhe chéng lǐ zhuàn.

Chē lǐ de xiǎo péng yǒu men dù zi è,
Chē lǐ de xiǎo péng yǒu men dù zi è,
Wéi zhe chéng lǐ zhuàn.

Xiǎo péng yǒu men jǐ shàng ān quán dài,
Xiǎo péng yǒu men jǐ shàng ān quán dài,
Wéi zhe chéng lǐ zhuàn.

Chē shàng de xiǎo péng yǒu shuō: chī wǔ fàn
Chē shàng de xiǎo péng yǒu shuō: chī wǔ fàn
Wéi zhe chéng lǐ zhuàn.

The Seasons Song (page 13)

Wǒ zuò yī gè xuě qiú,
Ràng tā zài dì shàng gǔn'
Jiàn jiàn de biàn chéng yī gè xuě rén,
Yòu dà pàng yòu yuán.

Wǒ shì yī duǒ xiǎo huā,
Wǒ yǒu xīng lǜ yè.
Wǒ de yī gè huā léi,
Gào sù nǐ chūn tiān dào.

Xiàn zài shì xià tiān ya,
Tài yáng duō míng liàng.
Wǒmen wú yōu wú lǜ,
Zhàn zhe fàng fēng zheng.

Six Little Ducks (page 13)

Xiǎo yā zi yóu dào hé zhōng xīn,
Yáo bǎi yáo bǎi pái chéng yī duì.
Yǒu yī zhī dài yǒu yǔ máo de xiǎo yā zi,
Dài lǐng zhe qí tā xiǎo yā zi guā guā jiào.

Our Mother Earth (page 13)

Dà zì rán shì wǒ mén de jiā,
Wǒmen wéi yī de jiā,
Dà zì rán shì wǒmen de jiā,
Wǒmen rè ài tā.
Huí shōu fèi zhǐ, sùliào bōlí,
Zhè shì nǐ hé wǒ de zérèn.

Lullaby (page 15)

Shuì ba, bǎo bèi!
Bàn suí méi guì de wēn qíng.
Māma de huái bào shì nǐ de yáo lán,
Bú yòng fán nǎo bú yòng yōu chóu.
Shì shàng yī qiè xìngfú, wēnnuán,
tiánmì dōu shǔ yú nǐ.

Good Night, My Friends (page 15)

Wǎn ān ! Wǒ de péngyǒu men,
Wǎn ān! Wǒ de péngyǒu men,
Wǎn ān! Wǒ de Péngyǒu men,
Wǎn ān, wǎn ān!

Teach me more... CHINESE

by
Judy Mahoney

translated by Amy Xiaomin Wang
with special help from John Lei Zhang

A Musical Journey Through the Year

Learn Chinese the fun way!

Teach Me...™
www.teachmetapes.com

你好！ 我叫迈蕊心。这是我的哥哥。他叫彼得，我们有一条小狗。它的名字叫小波。我们有一只小猫。它的名字叫毛毛。请跟着我们学一年四季！

你 唱 一首 歌

Nǐ chàng yī shǒu gē
Wǒ chàng yī shǒu gē
Wǒ men yī qǐ laí chàng gē

Nǐ chàng yī shǒu gē
Wǒ chàng yī shǒu gē
Hé nuǎn hán lěng de rì zi lǐ

一 yī

bǐ dé
彼得：春天来了。我在园子里种满了鲜花。看,那白色和黄色的
菊花!

mài ruì
迈蕊心：今年我在园子里种了水菓和蔬菜。我还种了草莓,西
红柿、红萝卜、卷心菜和南瓜。

燕麦豆

Yànmài dòu gāoliáng.
Zhǎng miáo le.
Nǐ wǒ tā shì fǒu zhīdao,
Tāmen shì zěnyàng zhòng chū lái.

Nóngmin bóbo xiān bō zhǒng,
Zhàn qǐ lái xōng kǒu qì,
Duǒ duo jiǎo pāipai shǒu,
Zhuàn ge quān er fù kàn tā de dì.

Ránhòu nóngmínzài jiāo shuǐ,
Yáng guāng pǔ zhào tā de dì......

春天来了

Chūntiān lái le! Chūntiān zài nǎlǐ?
Lái dào le shān shàng, lái dào le chūn zhuāng.
Lái dào tián dì lǐ.

Huā er kāi le! Kāi zài nǎlǐ?
Kāi zài shān shàng, kāi zài chūn zhuāng,
Kāi zài tián dì lǐ.

Niǎo er gē chàng! Zài nǎlǐ gē chàng?
Zài shān shàng gē chàng,
Zài chūn zhuāng gē chàng,
Zài tián dì lǐ gē chàng.

迈蕊: 今天我们去动物园。看那
狮子、长颈鹿和猴子！

彼得: 动物园里我最喜欢的
动物是鳄鱼。

去 动 物 园

Míngtiān Māma dài wǒmen qù
Dòng wù yuán.....
Tòng kuài de wán yītiān.

Dòng wù yuán,
Nǐ qù bú qù?
Ràng wǒmen yīqǐ qù,
Tòng kuài de wán yī tiān.

Nà hóu er zài shù shàng
Huàng lái huàng qù......

È yú zài shuǐ lǐ yóu lái yóu qù......

Tingalayo

Tingalayo, yīzhī xiǎo lǘ pǎo guò lái,
Pǎo de kuài, pǎo de màn.
Pǎo guò lái, pǎo kāi le.

Tingalayo, yīzhī xiǎo lǘ pǎo guò lái,
Pǎo de kuài, pǎo de màn, pǎo guò lái,
Zǒu guò qù, shuì zài cǎo chuáng shàng,
Zài tiào wǔ, zài chàng gē, wǒ de xiǎo lǘ.

祝你
生日快乐！

màiruǐ
迈蕊： wǔ yuè shí rì shì wǒ de shēng rì wǒ hé wǒ de péng yǒu men jù zài yī qǐ mā ma
五月十日是我的生日。我和我的朋友们聚在一起。妈妈
gě wǒ zuò le yī gè yòu dà yòu yuán de dàn gāo
给我做了一个又大又圆的蛋糕。

bǐ dé
彼得： hǎo wǒ men xiàn zài wán "yáng yáng shuō"
好，我们现在玩"洋洋说"。

祝你生日快乐

Zhù nǐ shēng rì kuài le!

洋洋说

Yáng yang shuō...
"Bǎ nǐ de yòu shǒu fàng zài tóu shàng!"
"Pèng pèng dì!"
"Zǒu lù!"
"Pāi pāi shǒu!"
"Shuō nǐ de míngzì!"
"Màiruǐ, Bǐdé, Léilei, Línlin."
"Dà shēng de xiào!"
"Yáng yang méiyǒu shuō."

彼得：bǐ dé 送走了春天，迎来了夏天。夏天里我们去海边玩。我带
sòng zǒu le chūn tiān yíng lái le xià tiān xià tiān lǐ wǒ men qù hǎi biān wán wǒ dài
上我的水球和玩具船在海边玩。
shàng wǒ de shuǐ qiú hé wán jù chuán zài hǎi biān wán

迈蕊：我带上装沙子的塑料桶和铁锹去海边玩。
mài ruǐ wǒ dài shang zhuāng shā zi de sù liào tǒng hé tiě qiāo qù hǎi biān wán

彼得：穿上我们的游泳衣，在海边上我们搭起了城堡。
bǐ dé chuān shàng wǒ men de yóu yǒng yī zài hǎi biān shàng wǒ men dā qǐ le chéng bǎo

迈蕊：小波，不要把城堡推翻了！
mài ruǐ xiǎo bō bú yào bǎ chéng bǎo tuī fān le

划 船

Hua ya huá zhe chuán,
Màn man de huá zhe chuán,
Měi lì de shēng huó bàn suí zhe wǒ!

航 行

Jé kè háng xíng zài hǎi shàng,
Tā jiāng pèng dào wǔ shǔ de fēng làng,
Tā jiāng jīng shòu fēng bào de kǎo yàn,
Píng ān de guī lái.

七 月

迈蕊：
mài ruǐ yóu yǒng yǐ hòu dù zi è jí le chī wǔ fàn ba wǔ fàn wǒ men chī huā shēng jiàng sān
游泳从后肚子饿极了，吃午饭吧！午饭我们吃花生酱三
míng zhì nǎi lào hóng luó bo hé xiāng jiāo wèi dào hǎo jí le
明治、奶酪、红萝卜和香蕉。味道好极了！

彼得：
zāo gāo kàn nà mǎ yǐ
糟糕！看那蚂蚁！

迈蕊：
yě cān yǐ hòu wǒ men sàn bù guān kàn dà hǎi
野餐从后我们 散步、观看大海。

大海之歌

Dīdī xiǎo shuǐ zhū ya,
Lìlì xiǎo shāzi,
Bǎ hóng wěi de dà hǎi,
Zhuāng shè de gèng měi lì.

Xiǎo shuǐ pàopao zài piāo fú,
Xiǎo wuō niú zài huá xíng,
Bǎ hóng wěi de dà hǎi,
Zhuāng shè de gèng měi lì.

Suǒ yǒu de yú hé hǎi niǎo,
Shàn hú hé bèi ké,
Bǎ hóng wěi de dà hǎi,
Zhuāng shè de gèng měi lì.

Additional verses on page 16

六 Liù

恐龙

mài ruǐ　jīn tiān wǒ men qù zì rán lì shǐ bó wù guǎn
迈蕊: 今天我们去自然历史博物馆。

bǐ dé　zì rán lì shǐ bó wù guǎn shì wǒ zuì xǐ huān qù de dì fāng yīn wèi nà ér yǒu
彼得: 自然历史博物馆是我最喜欢去的地方。因为那儿有
hěn duō kǒng lóng kàn　　nà tóu shàng dài yǒu sān zhī jiǎo de kǒng lóng
很多恐龙。看! 那头上带有三只角的恐龙!

八 月

迈蕊：穿过马路我们去
chuān guò mǎ lù wǒ men qù
参观艺术馆。
cān guān yì shù guǎn
mài ruǐ

彼得：我最喜欢看高雅画的
wǒ zuì xǐ huān kàn gāo yǎ huà de
公牛。我假装成斗牛士。
gōng niú wǒ jiǎ zhuāng chéng dòu niú shì
bǐ dé

迈蕊：看那凡高的画。他画的花
kàn nà fán gāo de huà tā huà de huā
就象我花园里种的花。
jiù xiàng wǒ huā yuán lǐ zhòng de huā
mài ruǐ

洋 娃 娃

Qīn ài de yáng wá wa,
Tra-la-la-la-la,
Qīn ài de yáng wá wa,
Tra-la-la-la-la,
Nǐ de wēi xiǎo xiàng mì táng,
Nǐ de wēi xiǎo xiàng mì táng.

2. Zhǎn shì nǐ de wǔ zhǐ......
3. Chuān guò dà hǎi......
4. Zuò yī liàng huǒ chē......

八 bā

mài ruǐ
迈蕊：

guò le xià tiān shì qiū tiān　qiū tiān lǐ shù yè biàn chéng jīn huáng sè hóng sè hé jú
过了夏天是秋天。秋天里树叶变成金黄色、红色和桔

huáng sè wǒ men shōu jí shù yè　shōu jí cóng shù shàng diào xià lái de sōng guǒ
黄色。我们收集树叶、收集从树上掉下来的松果。

绿绿青草在长大

Yǒu yī kē shù,
Zài shēng lín lǐ,
Zhè kē kě ài de shù,
Nǐ chéng kàn dào
Shù zhàn zài dòng lǐ,
Dòng zhuān zài dì lǐ,
Lǜ lǜ qīng cǎo wéi zhe
Tāmen zài zhǎng dà.

Zài shù shàng, yǒu shù zhī...
Zai shù zhī shàng, yǒu fēn zhī...
Zài fēn zhī shàng, yǒu nèn zhī...
Zài nèn zhī shàng, yǒu sōng guǒ...
Zài sōng guǒ páng, yǒu shù yè...

彼得: kāi xué zhī qián wǒ men cān guān le yé ye de nóng chǎng zài nóng chǎng wǒ men
开学之前我们参观了爷爷的农场。在农场,我们

wèi niú wèi jī wèi xiǎo zhū
喂牛、喂鸡、喂小猪。

迈蕊: yé ye jiǎn yáng máo tā hái dài wǒ men hé biǎo dì zuò cǎo chē
爷爷剪羊毛,他还带我们和表弟坐草车。

♪ Baa Baa 小绵羊

Baa baa xiǎo mián yáng quán shēn
Máo róng rong,
Nǐ kàn, yáng máo yǐ zhuān mǎn sān dài.
Yī dài gě zhǔ rén, yī dài gè tàitai,
Yī dài gě zhù zài gé bì de xiǎo nán hái.
Baa baa xiǎo mián yáng quán shēn
Máo róng rong, máo róng róng
Yáng máo yǐ zhuāng mǎn sān dài.

♪ 老 麦 当 劳

Lǎo mài dāng láo yǒu nóng chǎng,
Yī yā yī yā you.
Tā de nóng chǎng yǒu tóu niú,
Yī yā yī yā you.
Zhè biān jiào mū mū,
Nà biān jiào mū mū,
Lǎo mái dāng láo yǒu nóng chǎng,
Yī yā yī yā you.

......yǒu zhī jī, yǒu zhī māo, yǒu mián yáng

mài ruì　jīn tiān bà ba mā ma dài wǒ men qù cān jiā qiū shōu jié　wǒ men dài shàng wǒ men
迈蕊：今天爸爸妈妈带我们去参加秋收节。我们带上我们
zì jǐ zhòng de shū cài qù cān jiā píng bǐ
自己种的蔬菜去参加评比。

bǐ dé　nàr yǒu xǔ duō xiǎo hái wán de zhuàn quān wǒ xǐ huān wán qí mǎ zhuàn quān
彼得：那儿有许多小孩玩的转圈。我喜欢玩骑马转圈。

彼得: bǐ dé
我的表姐从美国来信说: 在美国有一个节日叫"万圣节"
wǒ de biǎo jiě cóng měi guó lái xìn shuō zài měi guó yǒu yí gè jié rì jiào wàn shèng jié
那天人们雕刻大南瓜做灯笼。
nà tiān rén men diāo kè dà nán guā zuò dēng lóng

迈蕊: mài ruǐ
让我们也来玩"万圣节"吧! 我装扮成小熊猫。彼得打
ràng wǒ men yě lái wán wàn shèng jié ba wǒ zhuāng bàn chéng xiǎo xióng māo bǐ dé dǎ
扮成牛仔。小波打扮成狼。听说美国孩子在万圣节那
bàn chéng niú zǎi xiǎo bō dǎ bàn chéng láng tīng shuō měi guó hái zi zài wàn shèng jié nà
天去邻居家要糖, 有趣极了。
tiān qù lín jū jiā yào táng yǒu qù jí le

彼得: bǐ dé
万圣节以后是十一月。
wàn shèng jié yǐ hòu shì shí yī yuè

五只小南瓜

Wǔ zhī xiǎo nán guā zuò zài mén kǒu. Dì yī zhī shuō, "Ō, wǒ de tiān ya, yuè lái yuè àn le."
Dì èr zhī shuō, "Wū pó wéi zhe kōng qì zhuàn." Dì sān zhī shuō, "Wǒmen gēn běn bú hài pà."
Dì sì zhī shuō, "Ràng wǒmen kuì pǎo, kuì pǎo."
Dì wǔ zhī shuō, "Wo yǐ jīng zhǔn bèi hǎo le, wán gè tòng kuài!"
"Oo-oo," fēn lái le, bǎ liàng guāng chuī miè le, wǔ zhī xiǎo nán guā bú jiàn le.

彼得：看下雪了！让我们一起出去玩雪罢！带上我们的雪橇，滑下雪坡。

迈蕊：然后我们做一个雪人。我们用煤球做雪人的眼睛，红萝卜做它的鼻子，再给雪人带上圆帽子，围上我妈妈的围巾。

雪 人

Wǒ yǒu yī gè péngyou,
Nǐ yéxǔ rènshi tā,
Tā dài zhe yuán mào zi,
Hěng shén qì.

Yī shuān hēi yǎn jīng,
Yī zhī hóng bí zi,
Liǎng zhī shù zhī shi tā de shǒu,
Chuǎn zhe yī shēn xuě yī.

Nǐ cāi tā jiào shén me míngzi?
Nǐ yào ge mǐdǐ ma?
Zài qiū xià chūn tiān lǐ,
Nǐ kàn bú dào tā de liǎn!

Shì shei? Nǐ néng cāi yī cāi ma?
Qǐng cāi yī xià!
Nǐ bù zhī dào ma? Nà shì ge xuě rén!

安 谧 的 夜

Shén shèng de yè,
An mì de yè,
Tiān shàng de xīng xing zài shǎn shuò,
Shèng mǔ cí mǔ mà lì yà,
Shén shèng de yīng ér duō me wēn róu,
Shàng liáng tián mì de wēi xiào,
Wēn nuǎn zhe ài de rén men.

迈蕊: yī nián yī dù de shèng dàn jié lái lín le
一年一度的圣诞节来临了。
wèi qìng zhù shèng dàn jié wǒ men zuò bǐng gān
为庆祝圣诞节，我们做饼干，
zhuāng shì fáng jiān chàng shèng gē
装饰房间，唱圣歌。
bǐ dé yī yuè yī rì shì xīn nián chú xī wǎn
彼得: 一月一日是新年。除夕晚
shàng wǒ men jù zài yī qǐ qìng zhù xīn nián
上我们聚在一起庆祝新年。

新 年 好

Xīn nián hǎo ya,
Xīn nián hǎo ya,
Yī nián yī dù xīn nián dào,
Xīn lǎo péng yǒu huì zài yī qǐ,
Chàng gē tiào wǔ duō rè nào.

Xīn nián hǎo ya,
Xīn nián hǎo ya,
Zhù nǐ xīn nián xīng fú kuài lè.
Xīn lǎo péng yǒu huì zài yī qǐ,
Chàng gē tiào wǔ duō rè nào.

宏伟的美国

Ā, měi lì hóng wěi de tiān kōng, jīng huáng sè de dào tián,
Xióng wěi de gāo shān, fù ráo de píng yuán,
Měi lì jiān zhòng hé guó, shì shàng dì de ēn cì,
Ēn cì yǔ qín láo yǒng gǎn de měi guó rén mín.

十五 shíwǔ

二　月

迈蕊：二月里我们庆祝狂欢节。狂欢节有趣极了。我喜欢上街看游行，摸糖。穿上节日盛装我和我的朋友们唱歌、跳舞。

彼得：现在我们学了一年有十二个月。让我们从头到尾再说一遍。

yī yuè	èr yuè	sān yuè	sì yuè	wǔ yuè	liù yuè
一月	二月	三月	四月	五月	六月

qī yuè	bā yuè	jiǔ yuè	shí yuè	shí yī yuè	shí èr yuè
七月	八月	九月	十月	十一月	十二月

zài jiàn　　zài jiàn
再见！　再见！

Additional verses from page 6

大 海 之 歌

Suǒ yoǔ de zá cǎo hǎi guī,
Jīng yú hé páng xiè,
Bǎ hóng wěi de dà hǎi,
Zhuāng shè de gèng měi li.

Hǎi tún shēng shì màn màn de
Zǎi hǎi làng shàng gǔn,
Bǎ hóng wěi de dà hǎi,
Zhuāng shè de gèng měi li.

Cháng zuǐ dà niǎo màn yóu zhe,
Hǎi bào zài xiǎo xī,
Bǎ hóng wěi de dà hǎi,
Zhuāng shè de gèng měi li.

Suǒ yǒu de hǎi kě hé xiǎo chóng,
Bǎ hóng wěi de dà hǎi,
Zhuāng shè de gèng měi li.

Suǒ yǒu de xiǎo zhēn pǐn ya,
Suǒ yǒu de xiǎo niǎo,
Bǎ hóng wěi de dà hǎi,
Zhuāng shè de gèng měi li.

ADDITIONAL VERSES

PAGE 1
You'll Sing a Song
You'll sing a song and I'll sing a song,
And we'll sing a song together.
You'll sing a song and I'll sing a song,
In warm or wintry weather.
Words and music by Ella Jenkins. ASCAP
Copyright 1966. Ell-Bern Publishing Co. Used by permission.

MARIE: Hello. My name is Marie. This is my brother. His name is Peter. We have a dog. His name is Spot. We have a cat. Her name is Fluffy. Follow us through the year.

PAGE 2 MARCH
PETER: It is spring. I plant a flower garden. Look at my white and yellow daisies!
MARIE: I plant seeds to grow fruit and vegetables in my garden. This year, I will grow strawberries, tomatoes, carrots, cabbage and pumpkins.

Oats and Beans and Barley
Oats and beans and barley grow,
Oats and beans and barley grow.
Do you or I or anyone know
How oats and beans and barley grow?

First the farmer plants the seeds,
Stands up tall and takes his ease,
Stamps his feet and claps his hands
And turns around to view his land.

Then the farmer waters the ground,
Watches the sun shine all around,
Stamps his feet and claps his hands
And turns around to view his land.

Haru-ga Kita (Spring Song)
Spring has come; spring has come.
Where has it come? It has come to
The mountains, villages and fields.

Flowers bloom; flowers bloom.
Where do they bloom? They bloom in
The mountains, villages and fields.

Birds sing; birds sing.
Where do they sing? They sing in
The mountains, villages and fields.

PAGE 3 APRIL
MARIE: Today we will go to the zoo. Look at the lion, the giraffe and the monkey.
PETER: My favorite animal at the zoo is the crocodile.

Going to the Zoo
Momma's taking us to the zoo tomorrow,
Zoo tomorrow, zoo tomorrow
Momma's taking us to the zoo tomorrow,
We can stay all day.
Chorus:
We're going to the zoo, zoo, zoo
How about you, you, you?
You can come too, too, too
We're going to the zoo, zoo, zoo.

2. Look at all the monkeys swingin'* in the trees...
3. Look at all the crocodiles swimmin'** in the water...
Words & music by Tom Paxton. Copyright 1961, renewed 1989.
Cherry Lane Music Publishing Co., Inc.
All rights reserved. Used by permission.

*"swingin'" is slang for "swinging"
**"swimmin'" is slang for "swimming"

Tingalayo
Tingalayo, come little donkey come.
Tingalayo, come little donkey come.
Me donkey fast, me*** donkey slow,
Me donkey come and me donkey go.
Me donkey fast, me donkey slow,
Me donkey come and me donkey go.

Tingalayo, come little donkey come.
Tingalayo, come little donkey come.
Me donkey he, me donkey haw,
Me donkey sleep in a bed of straw.
Me donkey dance, me donkey sing,
Me donkey wearing a diamond ring.

***"Me" is slang for "my."

PAGE 4 MAY
Happy Birthday to You
Happy birthday to you!

MARIE: My birthday is May 10. I have a party with my friends. My mother bakes me a big, round cake.
PETER: OK. Now it's time to play "Simon Says!"

Simon Says Game
Simon says: ... "put your right hand on your head."
                         ... "touch the ground."
                         ... "walk."
                         ... "clap your hands."
                         ... "say your name."
                             "Marie, Peter, Léilei, Línlin."
"Laugh out loud."
"Simon didn't say!"

PAGE 5 JUNE
PETER: After spring, it is summer. In the summer, we go to the beach. I bring my beach ball and toy boat.
MARIE: I bring my sand pail and shovel to the beach.
PETER: We put on our swimsuits and build huge castles in the sand.
MARIE: Spot, don't knock it down!

Row, Row, Row Your Boat
Row, row, row your boat
Gently down the stream.
Merrily, merrily, merrily, merrily
Life is but a dream.

Sailing, Sailing
Sailing, sailing, over the bounding main
For many a stormy wind shall blow
'Til Jack comes home again.

PAGE 6 JULY
MARIE: After we swim, we eat our picnic lunch. We eat peanut butter sandwiches, cheese, carrots and bananas. It is delicious!
PETER: Oh no! Look at the ants!
MARIE: After our picnic, we go for a walk.

The Things of the Ocean
Little drops of water
Little grains of sand
Make the mighty ocean
So beautiful and grand.

Little bubbles floating
Little snails that slide
Make the mighty ocean
So beautiful and grand.

Every fish and coral
Every bird and clam
Make the mighty ocean
So beautiful and grand.

Every weed and turtle
Every whale and crab
Make the mighty ocean
So beautiful and grand.

Gentle dolphins swimming
Gentle rolling waves
Make the mighty ocean
So beautiful and grand.

Gentle gliding pelicans
A gentle seal at rest
Make the mighty ocean
So beautiful and grand.

All the tiny sea shells
All the tiny bugs
Make the mighty ocean
So beautiful and grand.

All the tiny treasures
On the tiny islands
Make the mighty ocean
So beautiful and grand.

PAGE 7 AUGUST
MARIE Today, we go to the natural history museum.
PETER: It is my favorite place because there are so many dinosaurs. Look at the triceratops. It has three horns on its head.

PAGE 8 AUGUST
MARIE: Next, we go across the street to visit the art museum.
PETER: I like to look at the bulls in Goya's painting. I pre-

tend I am the matador.
MARIE: Look at the painting by Van Gogh. The flowers in his painting look like the ones in my garden.

Brown Girl in the Ring
Brown girl in the ring,
Tra-la-la-la-la (repeat)
She looks like a sugar
And a plum, plum, plum!

2. Show me a motion...
3. Skip across the ocean...
4. Do the locomotion...

PAGE 9 SEPTEMBER
MARIE: After summer, it is autumn. The leaves turn gold, red and orange. We gather leaves and acorns that fall from the trees.

The Green Grass Grew
There was a tree
In all the woods,
The prettiest tree
That you ever did see.

The tree in the hole
And the hole in the ground,
The green grass grew all around, all around
And the green grass grew all around.

And on that tree
There was a limb ...

And on that limb
There was a branch ...

And on that branch
There was a twig ...

And on that twig
There was an acorn ...

And by that acorn
There was a leaf ...

The leaf by the acorn
And the acorn on the twig
And the twig on the branch
And the branch on the limb
And the limb on the tree
And the tree in the hole
And the hole in the ground,
The green grass grew all around, all around
And the green grass grew all around.

PAGE 10 OCTOBER
PETER: Before we go back to school, we visit Grandpa's farm. We feed the cows, chickens and pigs.
MARIE: Grandpa shears the wool from the sheep. Later, he takes us on a hayride with our cousins.

ADDITIONAL VERSES

Baa Baa Black Sheep

Baa baa black sheep, have you any wool?
Yes sir, yes sir, three bags full.
One for my master and
One for my dame,
One for the little boy who lives down the lane.
Baa baa black sheep, have you any wool?
Yes sir, yes sir, three bags full.

Old MacDonald

Old MacDonald had a farm, E I E I O
And on that farm he had a cow, E I E I O
With a moo, moo here and a moo, moo there
Here a moo, there a moo, everywhere a moo, moo
Old MacDonald had a farm, E I E I O.
... had a chicken, cat, some sheep.

PAGE 11 OCTOBER

MARIE: Today our parents take us to the fall festival. We bring the vegetables from our garden to be judged.
PETER: There are many rides for the children. I love to ride the merry-go-round.

PAGE 12 OCTOBER AND NOVEMBER

PETER: A letter came from our cousin who lives in the United States. In the U.S. they have a holiday called Halloween and they carve a big orange pumpkin to make a latern.
MARIE: Let us play Halloween. I become a panda. Peter plays a cowboy. The dog is a wolf. I heard that American children go trick-or-treating on Halloween. It sounds like fun.
PETER: After Halloween, it is November.

Five Little Pumpkins

Five little pumpkins sitting on a gate
First one said, "Oh my, it's getting late."
Second one said, "There are witches in the air."
Third one said, "But we don't care."
The fourth one said, "Let's run and run and run."
The fifth one said, "I'm ready for some fun."
"Oo-oo," went the wind, and out went the light,
And the five little pumpkins rolled out of sight.

PAGE 13 DECEMBER

PETER: Look, snow is falling. Let's go and play in the snow. We take our sleds and slide down the hill.
MARIE: Then we'll build a huge snowman. He has coal eyes, a carrot nose and a derby hat. He wears my mother's scarf.

Snowman Song

There's a friend of mine
You might know him, too
He wears a derby hat
He's real cool.

He has coal black eyes
An orange carrot nose
Two funny stick-like arms
And a snowy overcoat.

Have you guessed his name
Or do you need a clue?

You'll never see his face
In autumn, summer, spring.

Who is it?
Can you guess?
C'mon, guess!
C'mon, don't you know?
It's the snowman!
©Teach Me Tapes, Inc. 1989

Silent Night

Silent night, holy night,
All is calm, all is bright.
'Round yon Virgin, Mother and Child,
Holy infant, so tender and mild,
Sleep in heavenly peace,
Sleep in heavenly peace.

PAGE 14 DECEMBER AND JANUARY

MARIE: It is holiday time. We celebrate Christmas. We bake cookies and decorate our house. We sing Christmas songs.
PETER: January first begins the New Year. We have a party to celebrate on New Year's Eve.

Hello New Year

Hello New Year, hello New Year
Once a year the New Year comes
Only once a year.
Old friends, new friends
We get together singing and dancing.

Hello New Year, hello New Year
We wish you a happy New Year
Old friends, new friends
We get together singing and dancing.

PAGE 15 FEBRUARY
America the Beautiful

Oh, beautiful for spacious skies.
For amber waves of grain.
For purple mountains majesty,
Above the fruited plain.
America, America,
God shed His grace on thee.
And crown thy good with brotherhood,
From sea to shining sea.

PAGE 16 FEBRUARY

MARIE: In February, we celebrate the Mardi Gras carnival. It is fun. I like to catch candy at the parade. We wear costumes and sing and dance with our friends.
PETER: Now we know the months of the year. Do you?

January, February, March, April, May, June, July, August, September, October, November, December. Good-bye!

NOTES

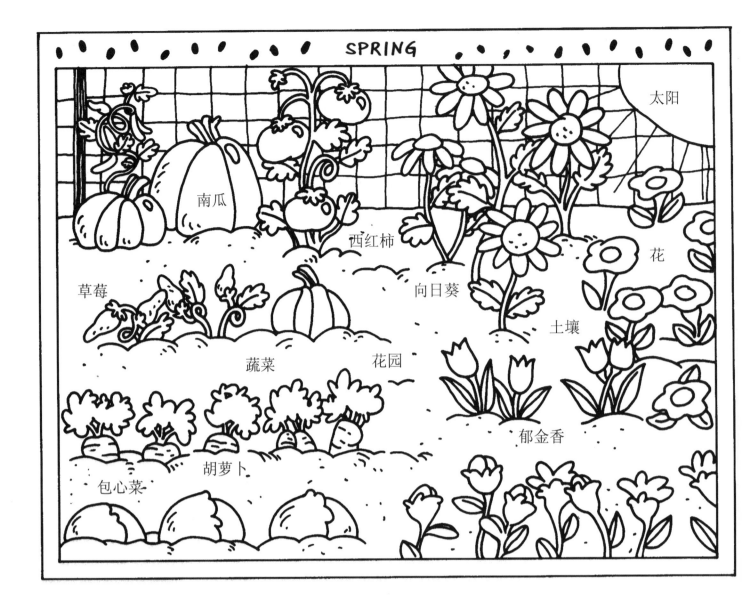

春天
Spring Vocabulary
Find the matching words in the picture.

soil _____   tulip _____

strawberries _____   carrots _____

vegetables _____   flowers _____

pumpkin _____   sunflower _____

cabbage _____   sun _____

tomato _____   garden _____

SUMMER

墨镜 帆船 游泳衣 云 湖 三明治 衬衫 奶酪 海滩 香蕉 保温瓶 沙子 杯子 蚂蚁 毯子 鞋子

夏天
Summer Vocabulary
Find the matching words in the picture.

clouds _____	thermos _____
lake _____	sunglasses _____
beach _____	swimsuit _____
ant _____	cheese _____
sand _____	shoes _____
blanket _____	shirt _____
banana _____	sandwich _____
sailboat _____	cup _____

秋天
Autumn Vocabulary
Find the matching words in the picture.

sky _____

leaves _____

sweater _____

cat _____

skirt _____

nut _____

dog _____

jacket _____

basket _____

pants _____

tree _____

bird _____

冬天
Winter Vocabulary
Find the matching words in the picture.

hill _____   ice skates _____

jacket _____   snow _____

ice _____   scarf _____

snowflake _____   eyes _____

sled _____   carrot _____

hat _____   stick _____

coat _____   mitten _____

snowman _____   mouth _____

Answer Key (with Transliteration) For Vocabulary Words

春天 chūntiān (Spring)

		Translation	Transliteration		Translation	Transliteration
soil		土壤	tǔrǎng	tulip	郁金香	yùjīnxiāng
strawberries		草莓	cǎoméi	carrots	胡萝卜	húluóbo
vegetables		蔬菜	shūcài	flowers	花	huā
pumpkin		南瓜	nánguā	sunflower	向日葵	xiàngrìkuí
cabbage		包心菜	bāoxīncài	sun	太阳	tàiyáng
tomato		西红柿	xīhóngshì	garden	花园	huāyuán

夏天 xiàtiān (Summer)

		Translation	Transliteration		Translation	Transliteration
clouds		云	yún	thermos	保温瓶	bǎowēnpíng
lake		湖	hú	sunglasses	墨镜	mòjìng
beach		海滩	hǎitān	swimsuit	游泳衣	yóuyǒngyī
ant		蚂蚁	mǎyǐ	cheese	奶酪	nǎilào
sand		沙子	shāzi	shoes	鞋子	xiézi
blanket		毯子	tǎnzi	shirt	衬衫	chènshān
banana		香蕉	xiāngjiāo	sandwich	三明治	sānmíngzhì
sailboat		帆船	fānchuán	cup	杯子	bēizi

秋天 qiūtiān (Autumn)

		Translation	Transliteration		Translation	Transliteration
sky		天空	tiānkōng	dog	狗	gǒu
leaves		叶子	yèzi	jacket	夹克	jiákè
sweater		毛衣	máoyī	basket	篮子	lánzi
cat		猫	māo	pants	裤子	kùzi
skirt		裙子	qúnzi	tree	树	shù
nut		坚果	jiānguǒ	bird	鸟	niǎo

冬天 dōngtiān (Winter)

		Translation	Transliteration		Translation	Transliteration
hill		小山	xiǎoshān	ice skates	冰鞋	bīngxié
jacket		夹克	jiákè	snow	雪	xuě
ice		冰	bīng	scarf	围巾	wéijīn
snowflake		雪花	xuěhuā	eyes	眼睛	yǎnjing
sled		雪橇	xuěqiāo	carrot	胡萝卜	húluóbo
hat		帽子	màozi	stick	棍子	gùnzi
coat		外套	wàitào	mitten	手套	shǒutào
snowman		雪人	xuěrén	mouth	嘴巴	zuǐba